LA FRANCE

ET

LES BONAPARTES

LETTRE ADRESSÉE A M. CONTI, ANCIEN SÉNATEUR, ANCIEN CHEF DU CABINET DE NAPOLÉON III

PAR

ERNEST DAUDET

HOMME DE LETTRES

> « Je respecte le malheur, même mérité; mais on peut, sans blesser la vérité ni la convenance, dire à la France, au sujet de toute tentative de résurrection impériale : « L'expérience est faite; vous savez à quoi vous en tenir; vous ne trouverez là ni la gloire, ni la sagesse, ni les services d'un pouvoir fort, ni les bienfaits de la liberté. »
>
> GUIZOT.
> (*Lettre aux membres du gouvernement de la défense nationale.*)

FRANCE ET BELGIQUE
CHEZ TOUS LES LIBRAIRES

1871

Bruxelles. — Imprimerie de J. H. BRIARD.

A monsieur Conti, ancien sénateur, ancien chef du cabinet
de Napoléon III.

Si vous estimez, monsieur, qu'il y a quelque témérité de ma part
à vous adresser ce travail, vous voudrez bien n'accuser que vous-
même de l'avoir provoqué; voici comment.

Il y a peu de jours, j'ai su, d'une voie indirecte mais sûre, qu'après
avoir lu, signé de mon nom, un article du journal le *Gaulois*, édition
de Bruxelles, dans lequel je flétrissais la criminelle impéritie de l'empire, laquelle nous a conduits aux abîmes au fond desquels la France
se débat héroïquement, vous aviez apporté au journal le *Drapeau*
dont vous êtes, pour le compte d'un tiers mystérieux, le comman-
ditaire apparent, une note ainsi conçue : « On demande si M. Ernest
Daudet, rédacteur du *Gaulois,* est le même M. Ernest Daudet qui
s'honorait, il y a quelques mois, de l'amitié de M. Emile Ollivier, et
remplissait les fonctions de chef du cabinet du grand référendaire
du Sénat. » Je n'oserais affirmer que tel était le texte de votre interpellation. Mais, je sais, à le pouvoir prouver, que j'en reproduis
exactement l'esprit.

Cette interpellation, monsieur, le *Drapeau* ne l'a pas publiée.
Pourquoi? Je l'ignore. En tous cas, je regrette sa réserve. Au mo-
ment même où vous me faisiez l'honneur de cet acte d'hostilité,
j'étais avisé par ma famille que dans le département du Gard, où le
nom que je porte est aimé, estimé, honoré, on me représentait
comme me livrant à Bruxelles à une active propagande en faveur
d'une restauration impériale, et vivement sollicité d'avoir à répondre
à ces stupides calomnies. J'ai protesté ainsi que je le devais faire.
Mais, appréciez combien eût été plus éloquente ma protestation, si
j'avais pu y intercaler la note écrite par votre main et à laquelle je
viens de faire allusion.

Quoi qu'il en soit, de ce que par des circonstances contraires à
votre volonté, cette note n'a pas vu le jour, il n'en résulte pas que
vous ne l'ayez écrite avec le dessein de m'accabler sous une accu-
sation d'apostasie. Vous vouliez me réduire au silence, en démon-
trant que je valais peu, puisque je reniais aujourd'hui mes dieux
d'hier, et cette démonstration, vous vous êtes réservé de la faire en
temps opportun.

Cela suffit, à mes yeux, monsieur, pour légitimer, pour justifier la réponse que j'ai résolu de vous adresser. Vous me fournissez une occasion de formuler publiquement ma pensée. Cette occasion, je la saisis. Si la cause que vous soutenez, et que j'entends combattre et discuter, sort de ce débat, endommagée ou amoindrie, c'est à vous seul, je le répète encore, que ses partisans devront s'en prendre.

Ai-je besoin d'ajouter, monsieur, qu'il ne tombera pas de ma plume un mot qui soit une attaque personnelle contre vous? Je heurterai vos convictions et je les heurterai volontairement. Mais, ainsi que le veut la convenance, je respecterai votre personne, dans laquelle je me plais à honorer l'autorité de l'expérience et la sincérité des opinions. Je pense qu'il n'était pas utile de vous en donner l'assurance. Mais je l'ai voulu faire. C'est fait, et la force de mes arguments n'y perdra rien.

Je ne suis pas avancé dans la vie, monsieur. L'empire était fondé depuis longtemps, quand j'ai pu me mêler aux hommes et aux choses de la politique et apprécier les affaires de mon pays. C'était vers 1859. Mes opinions n'étaient pas faites. J'appartenais à une famille légitimiste. J'avais entendu célébrer, durant mon enfance, les vertus des Bourbons, et je me souviens encore de la respectueuse émotion avec laquelle, sous le toit qui m'a vu grandir, on parlait du « roi. » Je n'ai donc pas à renier les pages que j'ai écrites alors pour traduire ces sentiments et qui portent la date de ma vingtième année.

Mais il ne me fallut pas une longue observation pour comprendre que de telles opinions n'avaient plus guère de partisans en France. Ceux mêmes qui me les avaient apprises n'en parlaient que comme de principes bienfaisants, respectables, dont la majorité ne voulait plus. C'était un trop mince bagage pour faire mon chemin dans la vie, et je dus renoncer à un culte purement platonique qui ne permettait pas à ceux qui le pratiquaient de travailler efficacement pour leur pays.

A quel parti allais-je me rallier?

L'empire était fait. Il avait des aspects brillants, la prépondérance en Europe. Il semblait vivre du consentement et de la volonté de cette France à laquelle il s'était violemment imposé. Je n'avais pas connu les sanglantes horreurs du coup d'État. Je ne pouvais à aucun degré partager les rancunes des vaincus. Je savais quels dépits injustes et violents la passion inspire aux politiques dont les espérances ont été déjouées. Je croyais à la bonne foi des gouvernants, à la valeur des hommes qui aux affaires ou hors des affaires secondaient leurs efforts. Je me ralliai à l'empire.

Était-ce guidé par un motif d'ambition personnelle? Non, monsieur. Je voulais faire honnêtement ma carrière, me ranger parmi ceux qui haïssent les révolutions, contribuer, pour ma part, à la prospérité de la France, et rien de plus. Laissez-moi vous le dire, en passant, afin de n'avoir pas à y revenir : j'ai occupé pendant dix ans deux fonctions, l'une législative, l'autre purement administrative, toutes deux en dehors de la cour. Je les ai remplies avec fidélité. J'y ai rendu des services qu'étaient en droit d'attendre de moi ceux qui me les avaient confiées et qui n'ont pas eu à s'en repentir. Ce n'est pas de ce fait que je pourrais être engagé envers le gouvernement de l'empereur. J'ajoute que par mon travail, je me suis fait un nom et une position dans les lettres. Si je vaux quelque chose, c'est par là que je vaux, et non par les emplois que j'ai occupés.

Ce n'est donc pas une ambition vulgaire qui m'avait poussé vers l'empire. Mais j'étais déjà convaincu, comme je le suis chaque jour davantage, que le meilleur des gouvernements est celui qui existe quand la nation l'a accepté, et que tout pouvoir, quelle que soit sa forme, peut donner à un pays la liberté et la sécurité, c'est-à-dire, les deux biens par dessus tout nécessaires. J'étais convaincu que le pire des gouvernements, à condition qu'il soit accessible aux réformes, vaut mieux encore que les révolutions qui toutes sont destinées à avoir le despotisme pour lendemain et éloignent incessamment la liberté.

Ces bienfaits, je les attendais de l'empire, et je fus à lui autant à cause de cette espérance que parce qu'il était le gouvernement consenti par la nation. La sécurité, on peut affirmer qu'il l'a donnée à la France, bien que dans les dernières années de son existence, elle ait été fréquemment troublée, par suite de fautes innombrables. Quant à la liberté, il n'a cessé de la promettre; mais quand la France en jouit complétement, ce ne fut que d'une manière accidentelle.

A dater du mois de janvier dernier seulement, on put croire que cette liberté, qui semble n'avoir été jusqu'ici qu'un rêve irréalisable, serait fondée à jamais. J'ai toujours été, monsieur, parmi ceux qui la réclamaient contre ceux qui la refusaient, et le plus puissant d'entre ces derniers, l'homme qui a exercé sur son pays une si néfaste influence et sur lequel, selon moi, l'histoire devra faire tomber la plus grande part de la responsabilité de nos malheurs, M. Rouher me fit l'honneur de me traiter en adversaire, à cause de la persistance de mes opinions. Des déceptions quotidiennes ne me laissèrent jamais désespéré, et j'eus raison, puisque la politique à laquelle je m'étais voué triompha le 2 janvier 1870.

Oui, monsieur, j'étais l'ami politique de M. Émile Ollivier et malgré les fautes du ministre, je suis resté son ami personnel. Cette amitié, qui n'altéra jamais ma franchise envers lui, datait des combats, durant lesquels j'avais servi sous ses ordres, pour la cause de la liberté. Au jour du triomphe, je ne sollicitai aucune récompense personnelle, et si je le constate, c'est afin de démontrer pourquoi mon indépendance est entière aujourd'hui.

Voilà donc dans quelle mesure j'ai servi, non pas l'empire, mais la cause de la liberté sous l'empire. Je persiste encore à penser que ces deux choses étaient compatibles, que peu à peu nous aurions vu surgir un gouvernement constitutionnel comme en Belgique. J'en étais tellement convaincu, que jusqu'au dernier jour j'ai plaidé pour le gouvernement existant. J'ai aidé de tout mon pouvoir au succès du plébiscite du mois de mai, et vous savez quels alliés j'avais alors et ce que nous voulions faire ressortir de cette grande manifestation, à savoir : l'ordre, la paix, la liberté.

Malheureusement, à l'heure même où elle votait : *oui*, non par affection pour la dynastie, mais uniquement par amour pour la liberté et par crainte de la démagogie, la nation éprouvait une grande lassitude. Les droits nouveaux en possession desquels elle avait été remise, au moins en principe, le 2 janvier, on les lui avait fait si longtemps attendre, après les lui avoir tant promis, on les lui donnait encore si incomplets, que sa confiance s'ébranlait. Elle pratiquait mécontente ceux qu'elle avait ; elle exigeait les autres, non plus comme un don volontaire et spontané du souverain, mais comme une restitution qu'il était dans l'obligation de faire et qui n'entraînait aucune reconnaissance de la part de ceux à qui elle était faite.

Même après cette grande manifestation du suffrage universel, personne n'était assuré du lendemain, et sans doute c'est dans cet état d'énervement et de marasme, dans le désir de le faire cesser, qu'il faut chercher les origines de la guerre actuelle.

Pour se justifier, monsieur, les hommes demeurés fidèles à l'empire ont répété, répètent encore que cette guerre, la France l'a voulue. L'assertion est assurément discutable. Toutefois ce n'est point l'heure de la discuter. Je ne la veux même pas nier. Mais ce que je ne crains pas d'affirmer, c'est que si la France a voulu la guerre, on avait tout fait pour qu'elle la voulût. Elle n'exprima son sentiment que le jour où, par une coupable déclaration apportée à la tribune, le duc de Gramont l'eut engagée à son insu, en rendant la guerre inévitable et en exaltant outre mesure l'opinion. A dater de ce jour, nous fûmes tous entraînés par je ne sais quel vertige, et notre imprudence arriva à ce degré que, voyant déjà la Prusse à nos portes, nous traitions comme des félons et des traîtres ceux qui s'efforçaient de faire entendre un conseil à des masses aveuglées. Vous voyez, monsieur, que je ne cherche pas à dissimuler nos fautes. Mais n'eurent-elles pas une excuse? Ne fûmes-nous pas trompés, indignement trompés?

Des documents apportés à la tribune affirmaient que l'ambassadeur de France à Berlin avait été insulté par le roi de Prusse, ce qui était faux, ainsi que l'a prouvé depuis une lettre de M. Benedetti.

D'autres documents, d'autres assertions, également mensongers, donnaient l'assurance que nous étions prêts pour la lutte. Je me souviens encore de la déclaration nette, formelle du maréchal Le Bœuf, ministre de la guerre, répondant à une interpellation de M. de Kératry : « Nous sommes prêts ; nous ne l'avons jamais été plus, nous ne le serons jamais davantage. »

Vous étiez prêts ! et vous ne connaissiez même pas la force numérique des armées allemandes !

Vous étiez prêts ! et vous ignoriez ce que n'ignorait pas un soldat de l'armée belge, que l'artillerie française était hors d'état de résister à l'artillerie prussienne.

Vous étiez prêts ! et en face de cette nation armée jusqu'aux dents, vous n'aviez pas, à la fin de juillet, trois cent mille hommes à mettre en ligne !

Vous étiez prêts ! et pas une place forte aux frontières n'était organisée pour la défense.

Vous étiez prêts ! et vous n'aviez rien tenté pour vous créer des alliances, ni du côté de l'Autriche, ni du côté de la Russie, que vous pouviez séduire en lui rendant, en ce qui vous concernait, sa liberté d'action dans la mer Noire, ni du côté de l'Angleterre.

Vous étiez prêts ! et vous ne vous étiez même pas préoccupés, je ne dirai pas de rallier à votre cause, mais tout au moins de détacher de la Prusse le sud de l'Allemagne, dont votre maladresse a fait l'allié du roi Guillaume qu'il déteste.

Le gouvernement impérial a été ou menteur, ou ignorant, ou incapable. Mensonge, ignorance, incapacité, il a commis un de ces trois crimes, sinon tous les trois, et la France ne les lui pardonnera jamais.

J'entends d'ici l'objection, monsieur. « Mais les vrais coupables, direz-vous, ce sont ces hommes du 2 janvier que vous avez soutenus. »

Vous savez bien qu'ils furent plus malheureux que coupables ; que de puissantes inimitiés, des rivalités jalouses, des incidents imprévus leur créèrent des difficultés sans nombre ; que les plus répréhensibles parmi eux furent les personnages que le pouvoir personnel avait imposés aux députés libéraux devenus ministres, qui eurent la faiblesse de les accepter dans leurs rangs.

Au surplus, à quoi bon créer des degrés de culpabilité? Ce n'est ni parmi les citoyens, ni parmi les ministres qu'il faut rechercher les coupables. Le vrai, le seul coupable devant la nation, devant l'histoire, c'est Napoléon III. Il ne pouvait tout prévoir, tout surveiller, tout savoir, objecterez-vous. Monsieur, lorsque pendant dix-huit ans, un monarque s'est plu à proclamer qu'il est responsable et seul responsable, lorsqu'il s'est attribué tout le mérite des choses heureuses, c'est à lui seul, fût-il dix fois innocent et seulement digne de pitié, que doit être imputée la responsabilité des désastres que sa politique ou ses créatures ont déchaînés sur la patrie. C'est pour cela, monsieur, que la France a été inflexible dans sa haine et son mépris pour le vaincu de Sedan.

Le journal le *Drapeau,* qui sert avec plus d'ardeur que d'habileté la politique que vous soutenez vous-même, a voulu démontrer à la France qu'elle s'était lâchement conduite, en abandonnant, en reniant l'empereur prisonnier. Il rappelait ce qui s'était passé en d'autres temps, et fouillant dans notre histoire nationale, il montrait saint Louis, Jean le Bon, François Ier, défaits et captifs, demeurant l'objet de l'attachement et de l'admiration de leurs sujets. Et puis, il ajoutait : « Ce souverain que la France abandonne parce qu'il est vaincu, elle l'eût acclamé, s'il eût été vainqueur ! »

En ce qui touche le rapprochement historique, je vous demanderai, monsieur, ce qu'il y a de commun entre les glorieuses défaites de Mansourah, de Poitiers, de Pavie et l'effroyable capitulation de Sedan ; ce qu'il y a de commun entre ces rois français ne se rendant qu'après avoir été héroïques, et ce César fataliste qui va se rendre à l'ennemi et livrer son armée, en fumant des cigarettes, étendu dans son carrosse, comme s'il allait à Longchamps!

Si la France a cessé de demeurer fidèle à Napoléon III, c'est qu'il n'a pas mérité qu'elle lui restât fidèle. L'exemple emprunté par le *Drapeau* aux temps chevaleresques, prouve qu'elle sait n'être pas ingrate, qu'elle courtise l'infortune et respecte le malheur, quand ceux-là qui sont frappés ont conservé le droit au respect.

Quant au reproche établi sur la comparaison des acclamations qu'elle eût prodiguées à Napoléon vainqueur, et des malédictions dont elle accable Napoléon vaincu, il n'est pas plus fondé que n'est exact le rapprochement historique dont je viens de démontrer l'erreur. Vaincu, la France avait le droit de le condamner, et il savait que dans ce cas elle le condamnerait. Elle ne lui voulait laisser d'autre alternative que la victoire ou la chute profonde, retentissante, méritée! Et c'était son droit de le vouloir ainsi.

Comment! ayant un jour violé les serments qu'il avait jurés, cet homme aurait confisqué le pouvoir ; il l'aurait exercé pendant dix-huit ans, s'imposant à la France, lui faisant des promesses brillantes, se chargeant de ses destinées, la trouvant crédule et docile, fondant l'édifice de sa gloire personnelle et de sa dynastie sur le génie national, exploitant à son profit et au profit de ses créatures toutes les forces vives du pays, employant nos richesses à son gré, vivant des jours de grandeur et de luxe, devenant, grâce à la gloire de notre passé, le premier souverain du monde, abreuvé, grâce à nous, d'ivresses et d'honneurs ! et il aurait eu la liberté de nous conduire aux plus lamentables aventures sans qu'un cri de colère et de malédiction sortît de nos poitrines ! Mais les crimes de son origine, sur lesquels nous fûmes assez faibles pour fermer les yeux, ne pouvaient être pardonnés qu'à la condition que les engagements pris seraient tenus, et qu'à une échéance que notre patience éloignait sans cesse, le bonheur de la France serait assuré. L'homme providentiel qui prétendait nous avoir arrachés à l'anarchie, s'était engagé, par l'audace même de sa prétention et par la confiance que nous lui avions accordée, à nous préserver de tous les périls. Il ne l'a pas su faire. Il est alors devenu un homme comme les autres, qué dis-je ? quelque chose de plus, ou quelque chose de moins, un conspirateur aventureux auquel la fortune a cessé de sourire, alors qu'il n'avait d'autre mérite à nos yeux que de l'avoir captivée. Ceux qui votaient pour lui ne lui donnaient leurs suffrages que parce qu'il leur semblait un instrument utile à notre prospérité. En perdant les faveurs de la fortune, il a perdu son prestige. La France l'a brisé ; elle avait le droit de le faire. Je m'incline devant ce droit. Je lui rends hommage, en m'opposant, pour ma part, à ce qu'aujourd'hui la volonté nationale soit méconnue.

Suis-je coupable d'agir ainsi ? quelqu'un est-il trahi par moi ? est-ce que je manque à quelque devoir sacré ? la noire ingratitude est-elle dans mon cœur ? En un mot, que prétendez-vous me reprocher ?

J'admets que les espérances que vous avez conservées font honneur à votre cœur, à votre caractère, et qu'il est bien à vous, monsieur, d'avoir encore pour ceux que vous avez connus et servis puissants, le même culte qu'autrefois. Mais, en quoi une situation telle que la vôtre se peut-elle comparer à une situation telle que la mienne ? Vous étiez attaché aux personnes. Vous étiez de leur maison, en quelque sorte de la famille, et je vois que la plupart de ceux que l'opinion vous donne pour complices ou auxiliaires dans vos projets de restauration, ont eu des positions analogues à la vôtre ou ont reçu, à diverses reprises, ces services personnels qu'on ne peut accepter qu'à la condition de faire le sacrifice de son indépendance, parce qu'ils obligent et engagent à jamais !

En a-t-il été de même pour moi? Je suis vraiment désolé, monsieur, d'avoir à poser de telles comparaisons, qui, vu la différence des situations passées, n'auraient pas été possibles, si vous ne les aviez provoquées ; mais enfin, je suis bien obligé de constater que je n'ai jamais mis les pieds aux Tuileries, ni chez aucun des membres de la famille impériale ; qu'alors qu'il m'eût été si facile de m'ouvrir les portes des palais et de me créer des relations de ce côté, je n'ai jamais sollicité semblable avantage ni tenté aucune démarche pour l'obtenir.

Vous ne citerez ni une ligne, ni un acte de moi qui puissent prouver que j'aie jamais eu en vue autre chose que l'intérêt de mon pays et que celui des personnes m'ait, un seul jour, préoccupé. Je n'ai rien reçu d'elles, et la seule récompense publique que j'aie obtenue, la croix d'honneur, m'a été accordée, sur la proposition de M. le président Schneider, en ma qualité de doyen du service du compte-rendu au Corps législatif.

Encore une fois, monsieur, qui peut se dire trahi, et sur quelle mauvaise herbe aviez-vous marché, le jour où vous avez eu la prétention de prouver que je reniais mon passé et que je n'étais qu'un serviteur oublieux ou infidèle? Je n'ai servi que la France, et c'est elle seule qu'encore aujourd'hui j'entends servir, avec l'ardente passion d'un fils.

Les considérations qui précèdent, monsieur, n'obtiendront pas votre assentiment. Je ne me flatte pas d'un tel espoir et ne sollicite point pour elles votre approbation. Mais, elles vous auront démontré pourquoi, m'ayant connu parmi les partisans de l'empire, vous me retrouvez aujourd'hui, à quelques mois de distance, parmi ses implacables adversaires.

Je reconnais toutefois que ma démonstration n'est pas suffisante, que si vous pouviez prouver que c'est contrairement au vœu de la France que l'empire a été renversé et qu'elle souhaite son rétablissement, les arguments que j'ai eu l'honneur de vous soumettre, perdraient toute valeur. Il me reste donc à établir que la France ne veut plus des Bonapartes, et pourquoi elle n'en veut plus. L'établir, ce sera justifier de nouveau ma conduite personnelle, dont la justification, daignez ne pas l'oublier, a été le point de départ de ce rapide travail.

Tout d'abord, monsieur, laissez-moi dire que les opinions que j'ai exposées, celles que j'exposerai encore ne sont pas seulement miennes. J'estime qu'il n'est pas en France un esprit perspicace qui, dès le 9 août, au lendemain des funestes journées de Wœrth et de Wissembourg, n'ait prévu la fin de l'empire, si ces premiers désastres n'étaient vengés à bref délai. J'estime qu'il est bien peu de Français qui, le 4 septembre, n'aient vu dans sa chute un acte éclatant de justice et de réparation. Non que je ne blâme sévèrement le coup d'État dont le Corps législatif fut le théâtre; mais il n'a coûté la vie à personne, et de même que les Bonapartes ont pu se dire par deux fois, à cinquante ans de distance, des instruments providentiels, et justifier ainsi d'odieuses violences, de même le peuple de Paris a pu, ce jour-là, se croire le bras de Dieu. Je ne saurais donc lui faire un crime d'avoir péché par défaut de légalité, et ce n'est pas dans la bouche des hommes du Deux-Décembre que je m'attendais à trouver un tel reproche.

Pour moi, j'ai été convaincu, le 4 septembre, que l'empire ne se relèverait jamais. Arrivé peu de temps après à Bruxelles, j'eus l'honneur de voir une personne pour qui je professe autant de respect que de sympathie, et à la haute situation de laquelle je dois de ne pas mêler son nom à ce débat. Elle pourra vous répéter le langage que je lui tins. Le voici : « Je sais combien vous êtes attachée à la famille impériale, madame. On m'a dit que vous aviez conservé l'espérance de la voir remonter sur le trône. J'ai tenu à vous faire connaître que si telle est votre espérance, vous vous assurez dans l'avenir une déception cruelle. Je viens de parcourir plus de la moitié de la France, l'ouest, le midi et le nord. J'ai causé avec des habitants des villes et avec des paysans; j'ai tâché de pénétrer le sentiment public. Partout, partout, j'ai vu le nom des Bonapartes inspirer un sentiment d'invincible répulsion et de profond mépris. Ils doivent renoncer à toute tentative de restauration, et c'est dans ce sens que leurs amis les doivent conseiller. » Cette personne daigna reconnaître que j'avais raison et m'affirma que vous-même, monsieur, vous étiez dans ces sages idées. Je ne rappelle pas ce souvenir pour prouver que vous les avez désertées depuis, mais uniquement pour prouver que les miennes ne se sont pas modifiées.

En contesterez-vous la justesse? Vous auriez tort, et je ne peux le prouver qu'en répondant aux arguments que mettent en avant le journal et les personnes qui pensent ce que vous pensez. Dans le nombre, il n'en est qu'un qui ait l'apparence de fondement. Je ne veux ni l'exagérer, ni l'affaiblir : « L'empire est sorti du suffrage universel. A diverses reprises, par des élections législatives, par des plébiscites, la France a proclamé l'empire. Ce n'est pas elle qui l'a renversé. Il l'a été par un petit groupe d'ambitieux et de turbulents qui ne l'ont pas consultée. Jusqu'à ce qu'elle ait prononcé de nouveau, l'empire reste le seul gouvernement légitime et régulier. »

Il est vrai, monsieur, que les hommes du 4 septembre ont commis la faute, dont je crains qu'ils ne portent un jour le poids, de ne pas demander à la nation la ratification de leurs pouvoirs. Mais, il est également vrai qu'il ne s'est pas élevé contre l'acte qui les a rendus les successeurs de l'empire, une protestation fondée, et qu'on les peut excuser, au milieu des événements qui nous étreignent, d'avoir cru que l'expulsion de l'étranger était une nécessité plus urgente que le choix d'un gouvernement définitif ou l'élection d'une assemblée. Vous ne pourrez non plus contester que dans Paris assiégé, le nouveau gouvernement n'ait fait appel au suffrage populaire et obtenu une majorité écrasante, qui du même coup a fortifié son pouvoir et prouvé que Paris approuvait le renversement de l'empire. Enfin, si la délégation de Tours transférée à Bordeaux commet une insigne maladresse en ne suivant pas un tel exemple, qui aurait pour résultat d'imposer silence à ses ennemis, on doit néanmoins reconnaître que la facilité avec laquelle les ordres de M. Gambetta et de ses agents sont exécutés, que la docilité avec laquelle la France obéit à un jeune homme qui n'a ni mandat régulier ni d'autre mérite que son patriotisme, son éloquence et son activité, que l'ardeur avec laquelle elle s'impose les plus douloureux sacrifices, sont la preuve qu'uniquement préoccupée de son salut et de son rôle historique, elle n'a conservé aucune rancune contre les hommes qui ont renversé l'empire, et qu'à la condition qu'ils la délivrent, elle est prête à les payer d'une reconnaissance éternelle et à accepter de leurs mains la république. Ce sont là des traits caractéristiques incontestables, qui ne semblent guère propres à ranimer vos espérances.

Sur quoi les pouvez-vous fonder ? Il m'en coûte de le dire ; mais, je constate qu'elles n'ont chance de se réaliser que si le malheur persiste à s'acharner après la France. Oui, on peut craindre que la France, écrasée, vaincue, désorganisée, ruinée, impuissante à résister plus longtemps, ne trouvant ni chez les républicains, ni chez les légitimistes, ni chez les orléanistes, un gouvernement qui veuille adhérer à sa défaite et sanctionner sa honte, ne soit un jour dans la nécessité d'accepter de la main du vainqueur et de subir encore les maîtres dont elle a secoué le joug. Mais, est-ce à ce prix, monsieur, que vous les voudriez voir remonter sur le trône ? Et puis, dans quelle classe de la nation trouveraient-ils un appui ? Le jour où, relevant nos fronts et nos cœurs, nous secouerions notre abattement et nous reprendrions courage, résolus à panser nos plaies, à réparer nos désastres, à nous recommencer, pensez-vous que nous subirions les Bonapartes? Le premier soin de la France serait de les chasser, de faire acte de virilité et de dignité, en répudiant une race qui par trois fois a trompé sa confiance et son attente, déchaîné sur elle d'innombrables calamités et attiré sur son sol des hordes d'envahisseurs. Qui la soutiendrait? qui l'oserait soutenir?

Les populations des villes? Vous railleriez, monsieur, si je voulais vous donner à croire que vous pouvez compter sur elles. Là, le mépris se mêle à la haine, et vous y seriez impuissants! Vous le savez bien.

L'armée? Vous n'y croyez plus depuis que vous connaissez les manifestations provoquées dans ses rangs par la publication du *Drapeau* et par diverses intrigues tentées auprès d'elle, et auxquelles je veux vous croire étranger!

Les campagnes? Oui, je sais que vous espérez beaucoup dans les populations rurales. « Nous avons tant fait pour elles! » dites-vous. Monsieur, les paysans sont facilement ingrats, et leur cœur ne raisonne guère, alors qu'il s'agit de leurs intérêts. Or, près de trente départements étant, à l'heure où je vous écris, envahis, ravagés, réquisitionnés, incendiés, ruinés, c'est un peu plus du tiers des paysans français par qui les Bonapartes sont exécrés et maudits. Parmi les autres, il y a ceux du Midi qui, vous le savez, n'ont pas attendu nos malheurs pour cesser d'aimer l'empire. En vérité, je me demande où vous trouveriez un point d'appui, et je n'en vois qu'un : le concours des baïonnettes allemandes. Oui, vous ne pourriez gouverner qu'avec une armée d'occupation. Et ce serait là un couronnement d'édifice que ni vous ni nous n'avions prévu !

Voilà, monsieur, les chances qui restent au gouvernement déchu. Il ne se peut relever que par les maux de la patrie, non qu'il ait le droit ou le pouvoir de les réparer, mais parce qu'il aurait la volonté de les exploiter à son profit.

Si jamais semblable hypothèse se pouvait réaliser, je vous prédis, monsieur, succédant à la guerre horrible dont Napoléon III est sinon le seul auteur, du moins l'un des deux auteurs, une guerre civile épouvantable dont la responsabilité retomberait sur vous, ambitieux imprudents, qui ne voulez pas comprendre que votre rôle est fini, que votre nom irait rejoindre dans l'histoire les noms les plus détestés, si vous persistiez à vouloir être pour la France une cause de division et de désordre, et que le seul service que vous puissiez lui rendre, après avoir causé ses présentes douleurs, c'est de faire en sorte qu'elle vous oublie et qu'à l'heure où elle voudra décider ses destinées, vous ne puissiez plus être pour elle ni un obstacle, ni un embarras.

Cependant, il faut admettre l'hypothèse lamentable d'une restauration accomplie.

Donc, je suppose la France définitivement vaincue, pulvérisée, broyée, n'ayant plus ni hommes, ni argent, ni aucun élément de résistance. Le rôle du gouvernement de la défense nationale est fini. Les membres de ce gouvernement sont dispersés. La république n'est pas fondée. Les vainqueurs ayant cherché vainement un pouvoir régulier avec lequel il leur fût possible de conclure la paix, rappellent les Bonapartes, reconstituent le Sénat, le Corps législatif, le conseil d'État, et replacent nos institutions sur les bases de la Constitution de 1852. L'empire est rétabli et la France est hors d'état de ne le pas subir.

Comment gouvernera-t-il ?

D'abord, notre maître sera-t-il Napoléon III ou son fils, représenté par une régence ? Serons-nous conduits par un vieillard épuisé, par un enfant débile ou par une femme incapable ? Retomberons-nous dans les mains des Rouher, des Persigny, des Forcade, des La Valette, des Pietri, des Bazaine, des David, de toutes ces personnalités autoritaires qui, durant dix-huit ans, maîtresses de nos destinées, n'ont su ni s'entendre, ni combiner leurs efforts en vue de notre bonheur ?

Vous reconnaîtrez avec moi, monsieur, que ce sont là des éléments stériles et impopulaires, qui ne sauraient valablement concourir à la cicatrisation de nos blessures dont ils sont les auteurs, ni rallier autour d'eux les forces vives de la nation.

Si vous ne pouvez gouverner avec ces éléments, du moins en est-il d'autres à qui vous puissiez faire appel ? C'est en vain que je les cherche. Un gouvernement constitutionnel ne vous est plus possible. Empire et liberté sont deux choses que la haine de la nation pour le premier a désormais rendues incompatibles. Avec la liberté, l'empire ne tiendrait pas un jour. Il ne pourrait vivre qu'avec les procédés autoritaires remis en vigueur et les violences du coup d'État fréquemment renouvelées. Il serait éternellement condamné à l'arbitraire poussé jusqu'à ses plus extrêmes conséquences, jusqu'à ses raffinements les plus odieux : la suppression des droits des citoyens, de l'initiative individuelle, l'incarcération, la transportation, l'exil et peut-être la peine de mort. L'empire ne peut donc nous assurer la liberté.

Peut-il nous garantir l'ordre ? Oui, l'ordre infécond, non celui qui assure la grandeur des nations, mais celui qui les épuise, parce qu'il ne se fonde que sur la terreur, quelque chose de pareil au silence des cimetières, l'ordre qui régnait à Varsovie!

Nous donnerait-il la prospérité? Peut-être une prospérité factice, celle qui s'exprime par le luxe des grandes villes, la rapidité des fortunes, le déchaînement de tous les cupides instincts, le règne des vices qu'engendre la soif de l'argent, mais non une prospérité saine, réelle, égale pour tous les citoyens, car celle-là ne peut naître que de l'alliance de l'ordre et de la liberté.

Du moins, nous assurerait-il la gloire? Quand il n'a su que nous donner la honte, et couronner ainsi un règne de dix-huit ans, durant lequel il a été maître absolu de nos destinées, comment pourrions-nous attendre la gloire de lui? Les souvenirs de la campagne de 1870, la capitulation de Sedan, la reddition de Metz, tout ce qui est l'œuvre impériale, a frappé de stérilité la race des Bonapartes, et selon la belle expression de M. Guizot qui figure en tête de ce travail, nous ne pouvons espérer d'elle ni les bienfaits de la liberté, ni les services d'un pouvoir fort. Tels sont les motifs pour lesquels je protesterai contre toutes tentatives de restauration, avec la certitude que j'accomplis mon devoir et que je sers mon pays.

C'est en vain que vous discuterez, que vous intriguerez; c'est en vain que vous fonderez des journaux, que vous essayerez de séduire, de convaincre; vous êtes condamnés, à jamais condamnés, et toute âme vraiment française se détournera de vous.

Pour le bonheur de la France, pas plus que pour le fondement de votre dynastie, vous ne pouvez plus rien. Rentrez dans l'île d'où vous êtes sortis! Voilez-vous la face, cherchez l'ombre et souhaitez l'oubli! Vous n'avez donné à ce peuple qui, deux fois en cinquante ans, crut en vous, que des gloires stériles, accompagnées de désastres irréparables. Le sang que vous avez fait verser, vous, le vaincu de Waterloo, et vous, le vaincu de Sedan, remplirait le lit de la mer. L'histoire des maux qu'à deux reprises vous avez déchaînés sur ce pays, est plus lamentable qu'aucune histoire.

Au deux Décembre comme au dix-huit Brumaire, vous avez été criminels alors que vous pouviez être grands. Vous pouviez être Washington. Vous avez été César! Vous l'avez été parce que vous aimiez le pouvoir, le luxe, l'argent, les splendeurs des palais et les flagorneries des courtisans. Vous avez conduit la France aux abîmes. Peu s'en est fallu que vous ne déshonoriez ses armes. Vous avez été les hommes du plaisir, les adulateurs des jouissances grossières. Vous avez toujours subordonné les intérêts de la patrie à vos intérêts personnels, et les remords de ceux qui crurent en vous seraient cuisants, s'ils ne pouvaient dire que vous avez tout fait pour les tromper et que leur seul tort fut d'être crédules.

Il ne vous reste qu'un droit : celui de vous taire. Lorsque vous enfreindrez ce droit, lorsque vous aurez l'audace d'exprimer des prétentions nouvelles au gouvernement de cette France, déchirée par vous, lorsque vous vous présenterez à elle comme le salut, vous rencontrerez devant vos pas des hommes résolus à dévoiler vos projets, à raconter vos hontes et à mettre la patrie en garde contre vos séductions.

Tels sont mes sentiments, monsieur. Je les ressens avec plus d'énergie que je n'en saurais mettre à les traduire. J'aurais voulu garder le silence. Une indiscrétion involontaire, en me révélant vos pensées et vos desseins, m'a imposé le devoir de parler. J'ai la conviction de n'avoir rien dit que ne pense la majorité des hommes de la génération à laquelle j'appartiens. J'ai parlé pour leur justification comme pour la mienne, et soyez-en convaincu, en exprimant ces pensées, je n'ai pu donner qu'une faible idée des protestations que vous soulèveriez en France, le jour où, passant de l'ombre à la lumière, des intrigues mystérieuses à l'action, vous manifesteriez la volonté de reconquérir le pouvoir dont vous avez abusé, et que la justice d'un peuple irrité a brisé dans vos mains.

J'ai l'honneur de me dire, monsieur, votre humble serviteur.

Ernest Daudet.